JN408688

바다를 내놓은
고등어

제7회 겨레사랑시화전 엔솔로지

바다를 내놓은 고등어

물결 없는 대지의 바다는
바람소리 소란스러워 귀를 막고
입 다물고 눈 감으며
하늘을 올려다 보았다

또 한 번의 시화전을 열면서

이사장　김 용 언

시(詩)는 우리들이 살아가는 우주와 현상을 시라는 그릇(형식)에 담은 생명체입니다.

시인들은 사물의 근본 이치와 세상 돌아가는 현상을 문자라는 매개체를 통하여 전달하는 것이지요.

그러므로 시인은 세상의 창窓이라 할 수 있답니다.

창이란 안에서 밖을 볼 수도 있고 밖에서 안을 볼 수 있는 것이기에 시인의 눈과 마음은 맑고 정직해야 할 것입니다.

지금, 맑은 마음과 정직한 눈으로 바라본 세상을 글로 펼쳐 보이려 합니다.

여기 펼쳐지는 시화들이 많은 독자들과 공감할 수 있고, 아픔 사람을 치유할 수 있고, 희망을 주었으면 합니다.

서정에 도움이 되는 싯귀는 가슴에 담아 가시어 서러 서로 공유했으면 하는 바램입니다. 감사합니다.

2017년 9월 5일

Contents

1부 사랑이여 나를 떠나

2부. 아버지의 산

3부 한 다발 무궁화꽃

4부. 초가을 숲을 걷다

1부
검룡소를 뵈다

梅軒 님께 올리나이다

권 오 정

아~아 님이시여!
대한의 청년, 님이 시여

님의 뜻
그 義氣, 萬古에 靑靑하여
가슴 가슴에
불꽃처럼 선명하나이다

수암산 기슭, 16세 소년의 詩心이
농촌계몽, 독립운동의 길로 이어져

"丈夫出家 生不還"
그 불멸의 글귀…

꽃다운 25세
청춘을 불사른 대한의 남아
조국을 사랑한 청년이여!

그 향, 그 필적
천추에 빛날 愛國魂

이 땅에 뚜렷이 남아있어
님을 그리메
이글들을 천상으로 올리나이다

매화향기
홀~로 아스라한 님이시여!

물길 찾아

전 영 모

햇살이 매우 강하다
봄 가뭄이 계속되어 물맛 본 지 오래다
이제 더 이상 견디기 어렵다
온 몸이 들어나 햇볕에 타고 있다

미꾸라지 한 마리 물 냄새를 맡았다
말라가는 웅덩이 펄에 육필시 한 편 쓰고 있다
무조건 깊은 곳, 깊은 곳으로 파고 들라한다
또 한 마리가 똑같은 행동을 하고 있다
펄을 뚫어라 더 깊이 뚫어라
그 속에 물기가 있을 것이다

많은 종족이 죽었다
하나라도 더 살려야한다
생의 끈을 놓치지 말고 꼭 붙잡고 기다려라

황새 한 마리 먹이 줍기 바쁘다
배를 채우고 목이 타는지 물 찾아 날아간다

靑瓦臺 솔나무

이 수 정

온 산천 하얀 옷 북한산
노송 백송 하늘 이고 서 있다

옷 벗어 내던지고
푸른 솔은 그 자리
기상 버티고 서 있다

가을철 단풍 옆에서도
백설 만고강산이여도
그 위엄 뉘게 비할 수 없다

大韓民國 반만 년 역사
무슨 말할 듯한 저 소나무
의연한 白松 누리의 귀감 이다

억겁 하루하루 노정 읊고 서 있는
저 소나무 사시사철
반만년 세월 속에 추울수록 더 푸르다 .

새벽바다

고 광 자

너무 깨끗하여라
아무도 지나간 흔적 없는
모래사장으로
자욱한 안개가 몰려온다.

지상에
때 묻은 혀들의 반란을
귓속말 전하는 포말의 무리
모른 척 귀를 막았다.

씻기고 씻기운 돌 바위
해탈의 고요로움
새벽바다에
돌부처로 살고 있다.

한강을 바라보며

김 혜 숙

숱한 벨트를 찬 허리 한강
어떠한 함구로도 참아내고
수많은 이야기를 흘려보냈는지

겨레의 어머니 젖몸살 할 때
한강도 온 국민을 먹여 살리기 위해
온 가슴을 부끄럼 없이 몇 수천
수십만 꼭지 내줄 때까지 아낌없이
내어주며 함께 했다는 것을

유유히 흐르는 역사를 곧게곧게
살아오면서 한 번도 곁눈질하지 않는
신념으로 알뜰히 지켜온 역사의 젖줄 한강

위대한 어머니 당신 앞에 2천만에, 7천만에
이 땅에 바로 성장치 못한 배신과 독선
죄스러움과 부끄러움으로 새삼 오늘
머리를 숙이지 못하고 바라보는 한강 어머니

위안부 순덕할멈

전 민

헌 짐짝 속에 묶인 조선의 풀꽃 다발은
화물열차와 관부연락선에 배급품으로 실려
일본이나 중국, 동남아 진지에 보급되었지
일상엔 황군 병사들의 개 껌으로 놀아주다
먹거리로 바뀌어 떼 짐승의 밥상에 올렸지.

병영 안에서는 소모품으로 마모되어가다
그리운 가족의 품에는 안겨보지도 못하고
일장기가 내려지자 폐품으로 내팽개쳤지
고향의 친지들에게도 온갖 수모를 당하며
일생을 갉아먹는 기억의 벌레들과 싸웠지.

통일

박 기 임

해도 하나
달도 하나
우리는 두 동강난 상처

부모형제 그리워
한 많은 삶
헤어져 애달픈 가슴

해야 솟아올라라
햇살 그네 타고
남과 북 하나되어
무궁화동산을 만들고

자손만대 길이길이
이 땅을 지키자

첫눈

정 민 호

기러기 하늘에 높이 날더니
오늘 아침 기어코 눈이 내린다
손톱 위에 꽃물들이던
눈이 맑은 소녀는
가을에 사랑을 앓다가
첫눈 내리는 날 죽고 말았다
그 높던 하늘이 낮아지고
무겁게 드리운 산자락
그 산자락을 깔고
오늘은 아침부터 첫눈이 내린다

검룡소를 뵈다

박 영 대

서울의 조상님 찾아갔더니
검룡소 할어미 할아버지 펄펄 살아 계셨다
왜 이제 왔느냐고 타박도 없이
태초부터 사시던 이끼 그대로였다

바람을 휘어잡고 흰 두루마기 두둥실 태우고
순하게 키운 산아이들 철철이 옷 해 입히고
흰 머리띠 두르고 아리물 퍼내고 계셨다
한 시도 거른 적 없이 천 리 건너에 먹을 물 보내고 계셨다

이미 알고 계셨던 것처럼
한강 언저리에 집 한 칸 마련하라 했다
자손들 사는 집에 가 보고 싶은 맘 예나 제나 똑 같다
갈 때는 흰뫼에서도 가장 높은 물 한 통 짊어지고 갈고마

내려와 살자는 말에는
일 없다
걱정 말고 서울이나 잘 키워라.

너는 어디서 왔니?

- 손녀에게

박 경 희

하루 종일 사람들 틈에서 허우적거리다
문득, 외로워진다
저절로 핸드폰에 눈과 손이 간다

눈이 부시게 웃고 있는 얼굴
꽃보다 어여쁜 새싹,
애써서 뒤집기를 시도하는 동영상에
헤벌쭉 입이 벌어진다,

가슴 가득 안겨오는 행복감
타는 갈증에 마시는 생수 한 잔,
까꿍~ 눈을 맞추면
깊은 우주, 은하의 세계가 황홀하다.
수십 번, 수백 번을
불러보고 바라봐도 질리지 않는
꽃,
조심조심 물어본다
너는 어디서 왔니?

바다를 내놓은 고등어

이 창 수

모처럼 아내를 따라 시장에 갔다
바다를 버린 고등어는 지독한 고독과 처절한 고통 차음(遮音)[1] 속에
청맹과니처럼 멍하니 바다의 뼈를 물고 있다

고등어는 바다를 내놓고 여느 집 화롯불에 고염이 녹아
불꽃을 튀기며 적쇳가락의 열반식에 침묵의 소리를 잡아 찢어
바람에 묻고 고등어의 영혼이 빠져나가는 순간
나는 바다를 먹고 바다는 울음을 시원하게 울지 못하고
꿀꺽꿀꺽
참으면서 느끼어 울었다

물결 없는 대지의 바다는 바람소리 소란스러워 귀를 막고
입 다물고 눈 감으며 하늘을 올려다 보았다

---

1) 차음(遮音): 소리의 전달을 막음

내가 나라를 사랑하는 것은

김 영 천

꽃을 왜 사랑하느냐 묻는 건
어리석다
꽃이니까 사랑한다

나라도 그렇다
오직 당신이어서 당신을 사랑하듯
나라니까 사랑한다

혹여, 당신의 마음이 상하여 돌아서더라도
내 그리움은 더욱 크나니
나라도 그렇다

당신이 살고 내가 사는
나라니까 그렇다

홍단풍

유 회 숙

어린 잎
내가 누구인지 궁금하기도 전에
뼛속까지 앓았다

뚝,
뚝,
핏물진다

살아있으므로 깃드는
죽음,
눈이 부시다

소녀상
내 발치에
천 마리 종이학

사랑이여 나를 떠나

노 유 섭

사랑아 피어나라
나를 떠나 꽃으로 피어나라
세상 어느 나무에게나 어느 풀포기에게나
날 때부터 내 안에 죄수처럼 붙들린
사랑이여 꽃처럼 피어나라
누구에게는 샘물이 되고 누구에게는 햇빛이 되어
공중의 새, 들판의 나귀에게도
사랑이여 내 안의 사랑이여
나를 떠나 저 갈대숲 속
달도 별도 숨죽인 바람
그 울음소리 곁에 머물게 하라
사랑이여 나를 떠나
이제는 저 겨울 공중에서 내리는
하얀 마법의 꽃송이와 한 무리 되어
감옥을 부수고 나온 죄수처럼
사랑이여 내 안의 사랑이여
거리마다 해 뜨는 산비탈 언덕마다
애기동백 붉은 폭죽으로 터져 타올라라 사랑이여

무궁화

남 민 옥

꽃이 필 때
잊을세라 꽃의 빛깔 속에
나라 사랑의 숨결을 담는다

더 이상 흩어지지 말라고
하나의 꽃송이 단단히 여물고
아리도록 선명한 분홍빛 충정
뿌리내린 땅속 깊이 묻는다

한 번 더 바라보며 지나가던
기억나는 간절한 눈빛
그러므로 뜨거운 여름날에도
오래도록 꽃피울 일이다

단단한 열매로 익어가는
겨레의 꿈 가슴으로 내려오는 날까지
잊지 않고 아름답고 끈기 있게
색색의 꽃을 피울 것이다

북녘 땅의 복음통일

김 성 배

1.

우리나라와 민족을 사랑하시는 하나님 아버지!

남과 북으로 분단된 이 땅에 하루속히 복음통일로 이루어 주소서.

2.

북한이 핵무기 개발과 공포정치를 그치게 하시고 이 땅에 진정한 평화가 임하게 하시고 북한 동포들이 우상 숭배와 굶주림과 인권유린에서 벗어나 자유와 평화와 안식을 누리게 하여 주옵소서.

3. 북한에 있는 이산가족들과, 중국과 제3국을 떠돌고 있는 자유인들, 북한의 그루터기 성도들과 지하교회 성도들을 주님의 날개아래 보호하여 주옵소서.

4.

복음 통일의 비전을 가슴에 품고 복음으로 민족을 섬기게 하시며 복음

통일의 일꾼들을 더 많이 세우게 하옵소서.

5.

우리나라가 복음으로 온전히 하나 되게 하시고

북한 땅 곳곳에 교회가 세워지는 역사가 일어나게 하옵소서.

한반도 전체가 하나님께 예배드리는 날이 속히 임하게 하여 주옵소서.

6.

주여 이 모든 일들을 수년 내에 우리에게 이루어 주옵소서.

복음통일을 간절히 소망하는 우리 민족에게 하루속히 통일을 이루어 주옵소서.

금강산

홍 중 기

구름은
금강산

금강산 봉우리
소나무 한그루
띄웠다

물닭
옥류동
깊은 곳으로
두레박질

구름 한 점
먹는다

네 박자소리

이 상 엽

한강은 바다를 향해
말도 많고 탈도 많게
이제나 저제나 바라보는 물결은
소란스럽게 엉켜 흐르네.

울음과 웃음만이 아닌 광란이
지칠 줄 모르게 서울 한 복판에서
청계천 물줄기에 실어 흐르는
사라지지 않는 씁쓰레한 한숨이
언제까지 얼을 녹여 흘리려나.

퉁퉁거리며 흘러가는 한강이며
낙동강도 대동강도 언제까지
눈물과 원망의 물결이 만나지는 바다
서해를 향해 섬과 섬 사이를
오늘도 고기잡이배들이
주변 네 박자 소리 들으며
물살을 가르네.

금오도 달빛 우정이여

손 수 여

달빛이 출렁인다
빛달 우정이여 영원하라
남해 금오산 솔처럼 청청하고
거북처럼 만세 무궁토록
천년 바위에 새겼다
달과 해처럼 세상을 밝히는
밤낮의 달빛이여
우정이여 영원하라.
산과 바다 비경의 비랑길
경계를 허물어버리는 자라섬
빛달 동맹이 금빛 물결로 일렁이고
여수 앞바다에서
빛고을로 달구벌로
달빛이 출렁인다.

2부
아버지의 산

서러운 나의 조국이여

이 귀 온

열강의 밧줄에 묶여
내 몸이 내 몸이 아니다
이 눈치 저 눈치에 눈은 사팔뜨기 되고
자유 잃은 팔다리는 내 의지로는
한걸음도 내딛지 못해 몸부림치는 민족

나라 없는 서러움에 이빨 갈고
서러움에 길들여져 체념 빠른 우리는
너 잘났다 나 잘났다 당쟁 이조 오백년
세계에서 우수 하다는 우리 민족 간 곳 없고
나쁜 DNA는 변할 줄 몰라
새파란 애의 불장난이
간교한 열강에 빌미를 주어
풍전등화로 갈팡질팡 헤매는 지금
벙어리 냉가슴 앓으며
새벽을 알리는 닭 울음소리 기다린다

인연

김 관 형

목숨보다 더 귀한 게
사랑이라지만
사랑보다 더 중한 게
인연 입니다

사랑으로
핏줄의 인연을 맺고
인연의 핏줄은
씨족 사회를 엮고 꾸며
나라가 이뤄집니다

인연 때문에
행복한 삶을 짓고
슬픔도 밀려오는
역사 자국이 남습니다

인연은 마음의 열쇠요
마음은 행동나침판이며
혼을 품는 둥지거늘
삶을 잇는 연결고리
숨줄입니다.

대춘(待春)

안 재 찬

나
세월에
목덜미 잡혀
지금 얼굴이야 또렷한
가을의 빛깔이지만 가슴 속
춘향이의 단심이 있으므로
천둥소리 지축을 뒤흔들고
안개가 온 누리를
덮어도 이랑엔
이랑에는 씨를 뿌려
잡초 따윈 솎아내면서
한 쟁반 싱싱한 푸성귀를
밥상에다 듬뿍 올려 놓고설랑

언제 언제인가는,
딱히 마주할 임 오실
그날까지 환히 불 밝히고
경대 앞에 앉아서 우련히 분
바르고는 가르마 머리를
곱다랗게 빗질을 할 것
입니다 꼬옥 빗질을
할 것입니다 나는

겨레사랑

- 당신은

조 성 순

한 사람의 소중한
가치를 외면한다면
격려를 통해
무한한 힘으로
언제나 가능성을

한 사람이 가진 위대하고
진심어린 믿음을 통해서
심장을 주듯이
사랑을 다해
언제나 용기를 주는 당신은.

거북선

김 관 식

날카로운 송곳들을
등껍데기에 붙이고
바다를 누비던 거북선

노란 유황연기를 내뿜으며
왜선을 향해
이순신 장군께서 불호령을 내리신다.

팡팡 포탄을 내뱉어낼 때마다
힘없이 산산조각으로
부서지는 왜선들과
왜병들의 외마디소리

임진년
쓰러져 가는 나라를 일으켜 세운
조선수군들의 환호 깃발
가슴 속에서 펄럭거린다.

아버지의 산

이 정 자

살다가 힘들 때도 넘어지고 싶을 때도
언제나 그 자리에 변치 않고 지켜준 건
내 곁에 우뚝 서있는
아버지의 산이었다.

바란 것 어긋나서 실망 속에 있을 때도
허한 맘 다독이며 힘을 주던 그 말씀에
세상을 지켜보면서
절제하는 내가 됐다.

아버지 깊은 뜻을 지금에야 알 것 같아
나 또한 아이에게 다독이고 힘을 주어
그 옆에 조용히 서서
쉬어가는 산이 되리.

강은 긴 생각을 온몸에 괴고

박 강 남

물안개가 어둑새벽을 여는
북한강은
문을 잠그는 일은 결코 없어

부르지 않아도
춘천강 소양강 홍천강 지류가 모이듯
뭇사람이 달려와 가파른 시름 풀어놓으면
강은
긴 생각을 온몸에 괴어
이랑이랑마다 등고선 같은
푸른 목숨 줄

바다에 이르기 전
늦은 밤
적막 속에서야 잠시 마음을 뉜다

대한민국

정 순 자

우리는 산업일꾼
광부 간호사
월남파병
사우디
고달픈 애국자들이다
우리는 무엇을 하나
트럼프가 사드배치를
시진핑이 사드반대를
남과 북이
무사히 통일되는 것이
하느님의 뜻이기를
간절히 기도하는
무수한 소리를 들으소서
소련의 공산주의가 무너졌듯

님은요

咸 東 鮮

이별은 길었지만요
그 이별 이전의 세월은 더 길었다구요
비록 서로 다르게 걸어온 길은
오랜 시간에 걸쳐졌다 해도
정말로 마음을 합치고 나면
모래의 발자국처럼 바람 한 줄기 불어도
파도 한 자락이 들이쳐도
무너진다구요
그래서 시작은 준비할 수 있어도
끝은 대비하기 어렵고
인연이란
시작할 때보다 끝이 날 때라는 말이
더 대견하다구요
이제 마지막이란
늘 마지막 다음에 찾아오는 것이라 믿으니까요
오늘도 기다리는 님은요
시간을 멎게 할 님은요

영원으로 가는 얼

김 선 진

새하얀 옥양목 손수건 가슴에 달고
초등학교 입학식 날 그 큰 운동장
"바둑아 바둑아 이리 오너라
 영이야 철수야 나하고 놀자"
교실 복도까지 재잘 재잘 울려 퍼지던
처음으로 배웠던 국어시간

아침의 글자라고 불리던
10개의 모음과 14개의 자음으로
「어리석은 사람도 일주일이면 깨우치고
똑똑한 사람은 반나절이면 깨우치는」
백성들을 가르치는 바른 소리 훈민정음

기쁨, 분노, 슬픔과 즐거움
우주의 삼라만상, 이치와 도리도 다 옮길 수가 있는데
우리글의 우수성을 까맣게 잊고 산다
한글의 과학성을 송두리째 잃고 산다.

향기로운 나날

강 성 상

향기로운 하루는 내일의 소망을 갖게 하고
향기로운 정성은 인생을 빛나게 하지요
향기로운 배려는 삶의 깊이를 나타내고
향기로운 인생은 후대를 풍요롭게 합니다.

당신의 향기 속에 미래를 꿈꾸고
인연의 향기로움에 만면의 미소를 머금지요
업무의 향기로움은 보람을 갖게 하고
물질의 향기로움에 인생은 빛나지요

여행의 향기는 나를 유혹하고
들로 산으로 어디를 가든지
정신을 맑게 하고 마음을 풍요롭게 하고
마음의 향기 속에 심성이 고아져요

기다림의 향기는 인생을 더욱 빛나게 하고
무지갯빛 밝은 꿈은 찬란한 내일을 기약하지요
관계의 향기로움은 싱그러움과 설렘을 갖게 하고
생활의 향기로움에 기쁨을 갖게 합니다.

오늘의 향기는 한 날의 추억을 만들고
그 시절의 향기는 추억으로 남겨지고
아름다운 삶의 태도는 모두가 사랑하게 되고
삶의 향기는 모두를 기쁘게 하지요

무궁화

오 광 자

먼동이 트며 분홍빛으로
섬세하고 아름답게
미소 지으면 피어나
세상에 빛 되어주는
부지런한 민족의 꽃 무궁화

햇빛 밝아오면
해님 보기 수줍어
입 다물고

저녁노울
무지갯빛으로 피어오르면
활짝 웃고 있는 우리나라꽃

삼천 리 금수강산에
길이길이 피어나
이 나라 우리민족
함께 꽃피우면 좋겠네

아, 그 충성 새로워라

손 계 숙

세월의 징검다리
삶의 고요 속에서
만나는 그리운 얼굴이 있다
희로애락으로 점철된 시간을 헤집고
말갛게 빛나는 이름이 있다

사계절 변치 않는 소나무처럼
겨레와 나라위해 목숨 바치신
호국 영령들의 숨소리
아직 뜨거웁게 조국을 지킨다
우리 한시도 잊지 않은
임들의 충절, 임을 향한 사랑이여!

남과 북 하나되는 통일의 그날까지
임이시여
조국을 지켜주소서
임들은 불멸하는 촛불 혼의 상징.

휴전선

정 덕 현

눈 밀어 바라봐도 강산은 하나인데
선하나 그어놓고 남, 북으로 갈라진 휴전선
하늘 구름, 저 강물은 거침없이 오고 가건만
세월은 반세기 넘어 백발이 되었네

눈 뜨면 보이는 산, 가고 싶어도
오천만 실향민 응어리진 가슴
휴전선 들국화는 향기로 날 불러도
155마일 가로막힌 철조망이 앞을 가린다

먹을 것도 없다면서 무슨 핵무기냐
망상의 꿈 불장난 하지 말고
활짝 핀 들꽃 향기 맡으며

난, 너 넌, 나 서로를 이해하고
남, 북이 하나되어 통일하면 안 되겠니?

더욱, 더 감사하고

신 영 옥

사계절 꽃이 피고 열매 맺는
살기 좋은 금수강산
이 땅에 살아감은 신의 은총 축복이라

맑은 물 흐르는 들녘 따라
옥토에선 곡식들이 태양 따라 영글고
우리말과 우리 글로
문화민족 얼을 새겨
세상을 이끌어 세워가는 지혜를 받았으니

오순도순 구수한 숭늉을 나누며
휘날리는 태극기 물결 위에
자손만대 무궁무궁 무궁화
더욱 감사하고 사랑하라
축복 받은 인류평화 기쁨을 위하여

무궁화 찬미(讚美)

김 태 옥

백의(白衣)은 아직 때를 타지 않는다
소리 없이 피어난 너에게서 향기는 묻어나고
그 향기 삼천리 방방곡곡에 널이 퍼지면
백의민족 혈통이라 그 색깔 변함이 없다
끈기와 인내로 꿋꿋하게 살아감이
이민족의 혼이 로다

누구하나 도움 없이 여기저기 뿌리내려 꽃피우며
모진 비바람에도 심한 폭풍에도 잘도 견디어 왔다
설한풍 오기 전에 하얀 옷을 잘 정리하여 숨겨놓고
다시 돌아올 새날에 입을 양
봉황장 속에 잠재웠다

이 땅에 깊고 깊게 뿌리박고 힘차게 피어난
너는 하얀 살결에 뜨거운 붉은 핏줄이 흐르고
선명한 실핏줄이 꽃술 한곳으로 모두 모여 들어
꽃 순은 의젓하고 힘차게 민족의 화합을 외친다

마지막 흘린 눈물

허 진 숙

정자처럼 고적한 명동 집
앞산 드리운 병풍 구름 안고 가는데
몰래 쓰다가 지워버린 흔적
가슴속 고이고이 묻어두고
님은 가셨습니다

툇마루에 앉아
먼 산을 바라보았습니다
님의 가슴 훔쳐보려고

빼앗긴 나라 찾아
울며 삼키며 길 떠나신 님 그리워
이곳까지 찾아왔으나
우물은 그대로 달이 뜹니다

후쿠오까 붉은 감옥은
명동 땅에서 멀고먼 남의나라
붉은 담장 마지막 흘린 눈물
우리민족 눈물입니다

세계평화의 종

박 석 현

아직도 지구 끝에 남아 있는
'분단의 나라'에서 평화의 종소리가
바람결에 에밀레 퍼진다
세계 삼십 개국 분쟁지역에서 주워온
탄피로 만든 종소리

평화는 사랑이다

잡소리는 음통(音筒)으로 날려 보내고
평화만큼 존귀한 것은 없다[2]는 메시지가
명동(鳴洞)으로 공명을 높인다
아직도 6·25의 상흔이 지워지지 않은 별유천지
'비목'의 골짜기에서
분단국의 설움을 날려 보낸다

세계인이여!
여기, 산수 좋은 화천으로 와보시라
아직도
분단국의 녹슨 그림자가 일렁거린다.

---

2) 이케다 다이사쿠의 『신 인간 혁명』에서 따 온 말.

별의 산실을 찾아서

민 문 자

바다의 별을 길러내는 진해에 갔다
해군사관학교 충무광장에 우뚝 선 이순신 제독은
세계 4대 해전 한산도 대첩을 이룩한 큰 별이다
그 광장에서 우리와 동행한 예비역 중장 해군제독 별 셋을
별 둘인 해군사관학교장 해군소장이 반갑게 영접하였다
멋진 모습이었다

우리 일행은 미래의 별들이 생활하는
학교 환경의 이모저모를 두루 살펴보았다
참된 지도자 이순신 제독과 같은 큰 별을 길러내는 것이 목표인
해군사관학교 방문은 매우 뜻깊은 일 이었다
한 분야의 최고 정상에 오른 사람을 우리는 별이라 이른다
남북통일 이룩할 큰 별은 어디쯤 오시나?

어뜨케 헤어져요

- 남북 재상봉 부부를 보며

안 혜 초

얼마나 보고 싶던 그 얼굴인가
얼마나 듣고 싶던 그 음성인가
50여 년간의 기다림에 지치고 지쳐
50여 년간의 그리움에 지치고 지쳐
이미 하이얗게 재가 되어버린
가슴속의 불씨이긴 하드래도
이미 까아맣게 숯이 되어버린
가슴속의 꽃씨이긴 하드래도
이제 가면 다신 또 만나볼 수 없을지도
모를 내 평생 단 하나 당신인데
이제 놓치면 다신 또 잡아볼 수 없을지도
모를 내 평생 단 하나 여보인데
단 한 번의 피울음을 쏟아내기 위해
지상에 태어난 가시나무 새이련 듯

- 정말 어뜨케 헤어져요
- 정말 어뜨케 헤어져요
할 수 있는 말이란 오직 단 한 마디
하늘도 땅도 피멍든 가슴이 되어.

3부
한 다발 무궁화꽃

한강

이 의 영

내 조상은
태백산맥 북쪽
어느 깊은 골짝 작은 샘이고
내 나이는
이 땅에 사람이 살기 전부터이다

그 긴 세월
어제 같지 않은 오늘을 따라 흘렀고
그 긴 여로 위에서는
수많은 조화 (造化)가 명멸해갔다 .

하지만
나 여전히 유유하고
의연히 여기를 지나며
오늘을 변함없이 지키고 있음은
줄기가 말라 흙이 되는 날까지
늘
이 땅의 아름다움과 보배로움을
가득 안고 흐르기를
바램이 하늘만하다

그러나 아직도

맹 숙 영

하나의 하늘 아래
하나 되기 위한 염원이
반세기 넘도록 눈물 씨앗 뿌려도
아직도 통일의 꽃
싹을 틔우지 못하고 있습니다

하나의 하늘 아래
하나 되기 위한 염원이
지구촌 16개 나라 벽안의 꽃다운 청춘들
이 땅에 흘린 피맺힌 분노의 씨앗
아직도 웃음꽃으로
피어나지 못하고 있습니다

하나의 하늘 아래
하나 되기 위한 염원이
한라에서 백두까지 치솟아
통곡의 벽 베를린 장벽이 무너지듯
이 땅에 통일의 문 열려 만세 부를 때
오 이 땅에서 숨진 고귀한 영령들이여
들으시라 그때는 편히 잠드시라

성덕대왕신종

이 선

누구의 목소리인가?
- 에밀레, 에밀레

어느 잃어버린 왕조의 꿈에 좌표를 긋고 달려오신, 당신
불국사 다보탑, 돌사자 머리에 접혀져
- 에밀레, 에밀레

4월, 벼이삭 돋아나는 함성
6월, 보리이삭 익히는 바람소리
삼국유사 13페이지부터 소리의 굴절은 시작되었다
탑돌이 하는 신라 처녀, 하얀 버선목 살결소리
- 에밀레, 에밀레
해당화 꽃잎 위로
별빛, 치맛자락 끌리는 소리
청동곰팡이에 섞인 미나리아재비 냄새

비천상 선녀여, 역사의 꽃뿌리 더듬고 있느냐
한반도 긴 맥박소리, 함성으로 뭉쳐
한라에서 백두까지 힘차게 뻗어

천년 동안 숨죽인 소리의 뿌리
“어허 둥둥∽, 에밀레∽ 에밀∽레∽∽”
소리의 투명한 관을 열고, 맨드라미꽃 낮잠을 깨운다

하나 된 세상에서

- 군사분계선

정 영 휘

예쁜 산새 날아들고
들꽃이 곱게 피어도
한 발짝 들어설 수 없는 지뢰밭
군사 분계선, 디엠지(DMZ)
역사는 안다, 피로 적신 산과 들
오늘도 불화살 가슴팍에 달고
가시지 않은 생채기 더께로 남아
울음바다로 만난 이산가족
짧은 만남 긴 이별이 섧다
자강도 제주도 강토는 하나
백두 한라에 뜬 저 달과 별은
우리더러 오순도순 하나로 살라 한다

형제 가슴에 비수 꽂은 카인의 아들아
언제까지 원수로 살아야 하느냐
天·地·人(○ □ △)
남과 북 하나 된 세상에서
대한민국이여 동방의 등불을 밝혀라.

한 다발 무궁화꽃

최 계 식

억지 춘향이 보듯 주변에서 찾아보기 쉽지가 않네.
나라꽃 그래도 청와대에는 있어야 할 꽃밭
있어도 있다는 소리 우리는 별로 들은 적 없네.
어쩌다가 시골 동네 울타리나 옛 국돗가에 여기 드믄
저기 드믄 철롯가에 저 혼자 호젓이 피는 꽃
작심하고 일부러 가꾸는 분들 있다지만 그 노고
뚱심 높은 중화족도 우리 땅 일러내려
근역(槿域)[3]이라 한 말 무색할 뿐이네.
최루탄 안갯속에 민주화는 피어났지만 열사는
단숨에 소리쳤으면서 정작 기미년 애족은 없었는데
만세 깃발 높이 쳐들 듯 붉은 악마들
응원 피켓 두 손 잡고 온 나라 뒤흔든 함성
그대로 축제였던 월드컵 광장 그 한켠 화면에 비친
화사한 무궁화 꽃 한 다발
하얀 옷 받쳐 입고 겨레사랑 가슴에 안은 한 젊은이
우리는 보았네, 열다섯 해 지났건만
화려 강산 길이 보전하자던 그 울림 잊을 수 없네.

---

3) 근역(槿域): 무궁화가 많이 핀다하여 예로부터 우리나라를 이르던 말.

피아노를 읽다 - 베토벤/소나타 29번. Bb장조 OP.106<함머클라비어>감상

김 필 영

하얀 바다에 출렁이는 다섯 줄 수평선
동공으로 빨려드는 파도를 타고
수평선으로 달려가 소리의 발자국을 찾는다.
검은 징검돌이 박힌 하얀 계단을 오르는
심방에서 두 팔을 타고 자란 손가락 끝
지문도 닳아버린 입술보다 여린 첫마디 살,
사금파리를 집다가, 불덩이를 집다가,
폭풍을 두드리다가, 침묵을 건너간다.
공기를 가르는 해머의 격렬한 몸짓에
전율하는 가늘고 굵은 쇠줄성대들
오른손가락이 종종걸음으로 계단을 오를 때
해조음을 몰고 와 서성이는 왼손가락들
먼 바다의 울음을 모아 오른손을 넘는다.
오른손가락의 걸음마다 부축하려는
왼손가락의 둥근 부추김이 잦아질 때
허공으로 달아나는 공명을 꽃발로 밟는다.
가슴을 뚫고 흩어지는 소리의 조각들
귓바퀴를 돌아 마음의 고막을 깁는다.

징게맹경[4]

박 남 권

어머니 할머닌 늘 그렇게 얘기하셨다
고창 장에서 파시의 주걱대 홍어를 사오는 날
막걸리 큰 사발 아버지 소반에 따르며
배가 들어오고
배가 떠나가던 대항리 술잔에 띄웠다
알밴 조기 발라 수저에 얹으며
대항리 뱃고동 소리는 닻을 올렸다

만경강 건너 파랑새 따라가던
녹두장군의 청포묵도 깃발을 들고
하얀 깃발 흔들고 서럽게 휘둘리던
백산성의 흰 옷 입은 백성
고창 무장에서 돌리던 사발통문
목청을 돋워 징게맹경 너른 들을 목쉬게 불렀다
새야새야 파랑새야
배가 오고 배가 간다

4) 징게맹경 : 김제만경의 사투리 *무장 : 고창의 지명

독립공원 비둘기

강 소 이

비둘기가 없다
모이 찾아 날아들던 독립공원에

이곳에서 마음 사르고
눈 내리는 매서운 시대를 살랐던
빛 부신 영혼들
비둘기처럼 날은다

하얗게 하얗게 구름처럼 날은다

잿빛 바람 일렁이는
검은 가시 빈 가지에도

비둘기들
매서운 겨울 알고 숨어버린
칼 얼음 날에도

하얀 여름

최 창 일

망초 꽃 웃고 있는 우물가
등물해 주는
그대 그대를 생각했지
초저녁 모깃불 연기 속
잘게 부서지는 웃음소리
밤하늘에 반짝이던 별빛
수박 속에 가득 떨어지면
추억의 옛 생각 새롭게 솟아나고
토담 길 지나면 달빛 쏟아지는 하얀 여름밤
나 그대를 생각하지 음 오
나 그대를 생각하지 음 오
나 그대를 생각하지.

물이 되고 싶다

김 용 언

낮은 곳만을 고집하며 흐르는 물
수평만을 고집하는 집념
나 또한 물처럼 늙고 싶다
목소리를 키우며 달리다가도
고요함을 사랑하는 물
우리의 사랑이 저와 같다면 얼마나 좋을까

수만 개의 생명을 길러내고
억겁의 시간, 같은 행동을 반복해도 실증내지 않는
그러나 새로운 변화를 추구하는 놀라움
저들의 참을성과 개척정신을 보면서 부러워한다
아! 우리의 사랑이 저와 같다면

누워 있는 물
밤이면 시퍼렇게 눈을 뜨고 일어서는 물
물이 부럽다
물이 되고 싶다

인연

정 신 재

산 너머 외딴 집 저녁연기에
천 년 꿈은 두리둥실 고개를 넘고
구름이 떼어 간 인연 몇 올에
사랑하는 이 저만치 떼어두고 거리로 잰다.

진실의 싹 흩날리는 낮은 바람결
너와 나의 종이꽃은 굴뚝 위에 피어나고
산새가 실어온 향긋한 기운
네 생각 뜻대로 흘러 어느 골을 또 밝히겠나.

푸르던 나무 그늘도 때 되면 드리우리
손끝 매운 방황도 잠시 쉬어가는 네거리에서
한 많은 돌담에 쌓는 인연의 실루엣 앞에
나는 또 당신의 얼굴을 오늘에야 만난다.

세계인의 눈(目)안에 평창의 눈(雪)이

이 순 욱

1988올림픽에 이어 새 천년 동계올림픽이
여기 코리아에서 열린다
백의민족의 나라 백두대간 한자락에
펼쳐 있는 순백의 나라 평창에서
세계인의 겨울 잔치가 열린다
눈벌판 백지 위에 무지개빛 세계인의 꿈
평화를 이루어 가려는 젊은이들의
희망의 손에 손을 잡는다
달리자 뛰어넘자
그리고 하늘로 날아오르자
하늘 아래 얼음 호수엔 백조들의 군무가
울긋불긋 세계인의 빛깔로 수놓아지고
인내와 끈기와 땀방울의 메달이
그들의 가슴에서 빛을 발 한다
새 희망의 겨울잔치 2018년 동계올림픽
세계인의 눈(目)안에 여기 코리아
평창의 눈(雪) 벌판이 펼쳐진다
세계인의 눈꽃잔치가 열린다.

논개

박 상 복

흰 갑사 저고리
아픔이듯 고쳐 입고
저만치
뒹굴어 몸살을 이겨내더니

생살을 드러낸
부끄러움.
말없이 독기를 품고
허허한 기운으로 웃었습니다

구르고 돌아
누각에 서니
잔잔한 눈빛
세상을 품어 끌어안았습니다

숙제가 끝나
놀이만 남은 놀이판에
치마끈을 풀고
속곳으로 놀아 보리
무심한 강물은 투명한 눈물이었습니다

저 산에 강물에

이 혜 선

아버지 산소 그늘
진달래꽃그늘에 앉아
진달래꽃전을 부치고
진달래꽃술을 마신다

은저휴래향만구(銀箸携來香滿口)
은수저로 집어서 입에 넣으니
입안이 가득 향기롭구나

아버지가 달필로 써주시던 선인의 시를 읊어본다
어느새 곁에 와 앉아 읊어주시는 아버지 목소릴 듣는다

저기 남강물 푸르게 흘러가는 먼 훗날에도
이 언덕에 아이들 뛰놀고 꽃은 피어나리라
저 산에 저 강물에
봄풀의 이별눈물도 넘쳐흐르리라

항아리

김 운 향

머리에 달을 이고
아니 오신 듯, 다녀가소서
산사의 처마 끝에 매달린 풍경 울리거든
바람결에 그님이 스쳐갔다 여기시라기에
천봉당 태흘탑 아래서 합장하노라니
노오란 옷을 입은 소년이 나타나
운무 드리워진 능선을 가리키네
마음 한 곳을 비우고
몸 한 곳도 열어두기를
귀한 인연으로 빚어진 삶인데
알몸으로 와서 조각조각 깨질 때까지
골고루 채우고 비워보기를
큰 바위 속에서 흘러넘치는 감로수로
청정심 되어 시나브로 비우리라하니
새로운 법열이 새록새록 밀려드네.

감탄부호 !

윤 하 섭

태초에 하느님이 이쁜 내 나라 만드실 때
남쪽으로 힘껏 벋어 나간 백두대간 위에
수림 기암이초 계곡과 폭포도 쏟아지는
백두산 지리산 묘향산 설악산 설계하시고

대동강 한강 영산강 낙동강 동진강 품은
벼 보리 조 콩 기장으로 땅이 꺼져 내릴
평양벌 호남벌 대구벌 김제 평야 그려놓고
제멋에 기분 좋아 입 못 다무시다가

아차, 하고 무릎 탁 치며
금수강산 끝자락 긴 이땅 남해 바닷가에
푸른 보석 제주도로 점 하나 더 찍으시니
내나라는 누가 봐도 멋진 감탄부호(!)일세

우리는 빛난다

조 덕 혜

여전히 크고 작은 개미들은
어디론가
발 빠르게 먹이를 나르고 있다
그 행로에서
우리 민족의 통 큰 하늘은
인고의 가슴을 하얗게 열어 놓고
오롯이 오천만 이 영토
무궁화 꽃술의 맥박을 청진하나니
우리는 빛난다
삼면 바다의 기상이 두 눈 부릅뜨고
융기한, 번뜩이는 슬기여라
아, 터전은 작으나
거대한 투혼의 대한민국이여!
반만년 혼불은 영영 찬란히 숨쉬리요.

일송정에서

이 복 자

일송을
후추 가루 넣고 쇠못 박아 죽이면
산이 운다는 것을 몰랐으리라

그 자리
초롱초롱 애송 살고
윤동주 심연수 노래,
우리는·애국 시집 여전히 가슴에 품는 것을

거 봐!
해란강 언덕
영원한 물줄기 바라보며
후손들 다시 와 '선구자'를 노래하고
세상을 향해 역사의 증언을 목청껏 외치고

애국 호연지기
해란강에 살아 흐르는 곳,
꿀 차로 목축이고
물귀신 같은 너를 저주하기 위하여
여기까지 왔음이야.

4부

초가을 숲을 걷다

하늘공원

김 해 빈

또르르 똘똘 또르르 똘똘
귀뚜라미 왁자한 텃세에도
서양 쑥부쟁이 토끼풀 가시박
웃자라 깔깔대고
동서의 발자취 질펀한 여기
부들 몇 줄기 내림 길에 서서
개구리와 맹꽁이 기다리는
깨금발이 살갑다
동틀 때까지 어깨동무하고
낯선 이들 끌어안은
아귀다툼 묵직한 에너지 위로
가을을 뱉어내는 억새
낯가림으로 한바탕 소란하다

정화조미화원

이 오 장

별이 싸면 별
네가 싸면 똥이다
색깔을 논하지 말라
악취 농도로 구분한다
먹는 양이 같고
끼니의 횟수가 다르지 않은데
입은 옷 빛깔로 사람 무게 재려고 하나
치우는 사람도 똑같이 살아가는 세상
옷에 묻은 냄새가 신분증이 아니다
누구나 싸지만
아무나 치우지 못하는 똥
네가 싸놓은 것이 금빛이라도
악취는 비껴가지 않는다

덕혜옹주의 눈물 저고리

홍 재 인

시간이 정지된 마른 꽃이다
나라를 빼앗긴 흑백 사진 속 소녀]
옹주의 복식 7점 반환 기사
박제처럼 갇혔던 슬픈 역사 90년
옷섶에 얼룩져 숨어있던 눈물
실어증 정신쇠약 건널 수 없던 바다
구국청년단의 구조까지
삭정이가 된 37년 아픔이다

옷고름 치마끈 동여매며
영혼만은 도둑맞지 않은 채
그 빛깔 문양 조상의 얼
국립 고궁박물관에 돌아와 쉬고 있다
조국이여
연꽃 수놓고 금박 찍힌 홍색치마
진분홍 저고리 연두색 당의 곱게 입혀
창덕궁 푸른들 회화나무에 그네 매어
열세 살 옹주의 넋 새처럼 날게 해주오
소리 내어 웃게 해주오

내 그리움은

최 은 하

내 그리움의 숨결이
서리서리 가닿는 자리

거기에도 봄날에 꽃은 피고
가을이면 낙엽 지는 소리 가득하겠지요.

아무 때 어느 곳에서나
꿈결은 아니잖아요.

나는 오늘도 한 마리 새가 되어
삭히지 못하는 그리움을 휘날아요.

바람이 무섭게 파도를 드높이면 높일수록
그리움은 더더욱 가차이 피어오르느니

그 언제나 땅에 내려 그리움 접고
지는 해 바랄 수 있을지요.

그리움의 눈빛은 역력히
그날도 사위지 않을 거예요.

정지된 시간에 물을 붓다

- 국화차를 마시며

이 명 진

마르고 오그라져 있던
정지된 시간을 넣고
물을 붓는다

지나온 기억들
가벼이 떠오르다
더 고운 빛깔로 피어나는
꽃
잎

우리 사랑은
어느 언덕에서 마른 바람을 만났을까

찻물을 붓듯
찻물에 스며들듯
온 몸으로 받아들였으면

하르르 풀리는 꽃잎
향으로 피어나는 상처를 매만지며
마른꽃잎의 이야기를 마신다

비의 연가

현 성 희

종일 내리는 비가
지나가는 자동차 바퀴에
소리내며 끌려간다
조용하던 산골길이 시끄러워진다
앙상한 뼈만 드러낸 나뭇가지 위에
숨어있던 빗물들
끌려가는 소리에
파르르 떨며 떨어진다
산골길이 파편을 튕기며 갈라진다

까마귀 두 마리
비를 맞으며 높이 날아오른다

피는 꽃은 연습하지 않는다

강 수 니

펜으로 시를 쓰는 습관으로 던진 파지가 낙화처럼 널브러져있다

발레리나의 토슈즈 속 틀어지고 엉킨 발가락뼈들이 무대 위의 환상적인 춤을 낳는다

수많은 수정을 거쳐 완성한 그림 한 점, 오가는 시선을 붙잡으며 갤러리 벽에 붙어 있는데

꽃은 연습 없는 한 번의 개화로 한 생을 말한다
꽃의 유전자에는 연습이 없어
아름다움, 실수 없는 그 한 획을 긋기 위해
먼 이전부터 얼마나 많은 궁리, 깊었을까
조심조심 꽃대를 밀어 올렸을까
단 한 번의 펼침으로 일생을 다 토해 내는 꽃
한 번의 시작이 전체의 완성이다
들에 핀 저 작은 풀꽃도 퇴고(推敲) 없이 피어 아름답듯
연습 없이 신부가 되었고 연습 없이 엄마가 되고
연습이 없는 칠순의 오늘아침
삶은 늘 처음이어서 서툰 아름다움이다

대한민국은… 대한민국은…

지 은 경

북한 김정은의 꿈은 성취됐다
그의 꿈은 한반도 적화통일이다
핵미사일은 절대적 몰살기구
핵무기의 매력은 압도적이다
하여, 대한민국은 지금 절박하다
대한민국은 현재 악몽 중이다

일본은 70년 전,
원폭 한발에 7만 명이 죽었다
북한이 그런 무기를 가졌다
1만 킬로미터를 날아가 미국 본토를
때릴 수 있는 살상 무기를 가졌다
테러에 미국의 신경은 날카롭다

레드라인, 금지선을 넘어버린 북한
적화통일의 장애물은 주한미군이다
핵이 있는 것과 없는 것은 평등하지 않다
저들의 세력제거 작전에 말려들면 안된다
이런 상황에서 대한민국의 평화는 굴욕이다
나라를 잃으면 우리는 죽을 자격도 없다

윤동주 님께 보내는 편지

김 순 자

두루두루 살피는 생가에서
뭉클뭉클 두드리는 유한(遺恨)은
지층으로 울립니다.

옥수수처럼 머리 푼 문혼들
일렁이는 텃밭에 코스모스 연연하듯
창백했을 님의 얼굴 생각하니
분노가 치밀어 오릅니다.

나라사랑
온몸으로 저항하였을 담력 큰
님 의 자취
의지 깊은 그 혈기 따라

이슬비로 젖는 가슴들이
무리무리 우물가로 울타리 되어
님의 자화상
영혼이 기릴 것입니다
잔혹한 비행 위에 한맺힌 혼
울 밑에 핏빛 봉선화
가슴으로 파고드는

광복절 노래 외쳐 부르며

돌아오는 길목
풀숲에 우직이 앉은
그때 나이만큼의 청년 송아지
님 의 환생일 것입니다

답하여 싸리문에 태극기 휘날리겠습니다

세 알의 의미

조 규 수

꿈을 심는다
한 곳에 세알씩

하나의 꿈은
계절과 기후를 관장하는
하늘 신에게 바쳐
날 것들에게 베푸는 사랑이고

하나의 꿈은
지력을 관장하는
지신에게 바쳐
땅에 기대 사는 것에게 건네는 따뜻한 정이며

하나의 꿈은
곡식을 가꾸는
수고하는 자들을 위하여
꿈을 키워주는 희망이다

하늘과
땅과
인간에게 주는 꿈의 모습은 달라도

모두가 하나로 어우러져
우주를 만들어가는 꿈은 같다

땅콩밭

김 순 진

장모님 채마밭을 국방부가 징발했다
평생을 일구던 밭 그냥 놀릴 수 없어
공휴일 몰래 들어가 땅콩을 심으셨다

알량한 보상금에 가슴에도 풀이 돋아
장끼도 껑껑 울며 총소리에 덤비는데
공포를 무릅쓰고서 김을 매러 다니셨다

피이웅 땅콩땅콩 공산당 막는다며
장모님 발걸음을 묶으려는 군인들
땅콩은 포기 밑에다 총소리를 숨긴다

내안에 피는 꽃

이 원 우

처음 바라본 순간
네 이름 내 안에 물들었다.

꽃잎으로 수놓은
고운 모습에

알고 있었지
나의 꽃인 줄을

머언 길에서부터 다가와
눈을 마주하며

네 꽃잎 위에
내가 다시 태어난다.

향수(鄕愁) · 6

정 명 숙

눈을 뜨거나 감아도
마냥 들려오는 솔바람소리…

어쩌다가 고향 길에 오르면
일월산 아래 화천초등학교 울타리에
복숭아꽃, 진달래꽃, 찔레꽃이 만발하고
향기 따라 걷다가 학교운동장 들어서니
어디선가 내 이름 부르며
달려오던 친구들의 발자국소리
요즘 들어 더 가까이 들려온다.

우뚝 솟은 산과 푸른 들판을
눈에 가득 담고
머얼리 상경하던 그날은
유난히도 비가 많이 내렸다.

타관살이 중에
고향하늘 바라보면
여태껏 비는 내리고
황사바람이 불어대는 춘삼월이다.

유년의 내 고향언덕엔 지금도
온갖 들꽃이 가득 피어나겠다.

초가을 숲을 거닐다

전 하 라

4시 반을 넘어가는 길목
오후를 세로로 절개한 나무들이 햇빛을 세운다
목이 뻐근한 나무들이
서로서로 위를 올려다보며
쉬는 바람이 목을 누른다
한낮을 시원한 소나기에 내어준 공원 한켠에는
가을 배급을 타려는지 나무들이 줄 서 있다
내 시야가 멈춘 그곳엔
낯선 이가 앉아있다
내가 미처 모르고 달려온 곳에
가을을 재단하는 소리가 강하다
5시가 다가선 분침이 오후를 내려놓고
벤치 위에 남겨둔 약속이 스르륵 숨는다
기우는 햇살이 조심스럽게 고개를 내밀 때
나무들이 숲으로 떠난다

글을 쓰는 이유

김 백 경

나는, 하늘을 차지하고 있는 느티나무 한그루

뙤약볕 막고 서서 그늘을 만들어 놓고 자유를 노래합니다

나, 시를 낭송하면
지치고 힘든 자들 하나 둘 찾아와서 자유를 배웁니다

새들이 지저귀는 산들바람 시새움이 좋아서
졸면서 배우면서 자유를 노래합니다

나, 시를 쓰고 낭송하면 독도도 울고 대마도도 웁니다

나, 자유를 노래하면 백두산이 울고 금강산이 웁니다

나는, 그래서 너를 지키며
하늘을 차지하는 늙은 느티나무로 살아가고 있습니다

사람과 나무

이 지 언

바람이 분다,
가슴을 뚫고 지나가는 비바람에
쇠약해질 대로 쇠약해진 나무들 대신
새들이 가지에 앉아 울고 있다

심연 속으로 소멸되어가는
소란했던 오늘이여.
비록 마른 낙엽이 타오르다가
하나의 원소로 사라져 가겠지만

흔들림이란
누구나 홀로 감당해야 할 몫인 것을
두려움에 떨려도 피할 수 없는 것을

나는 왜 아직도 저녁 바람에
뜨거운 햇살 고름 풀지 못하고
어린 물고기처럼 잔잔한 물보라에도
팔딱이며 뛰어 오르는가

기상도(氣象圖)

정 연 덕

말과 활과 사냥의 기상도를 그리다
아우른 복합적 문화의 날개라
수렵하는 사냥의 모습을 그려내고
무사의 말 옆으로 사냥개가 뛰다

네댓 개의 화살 박힌 모습으로 탄생하다
도시의 예수를 매단 나무십자가
수렵을 국가행사로 삼아 식용을 일삼고
표범가죽 의상이 사제복으로 추가되다

저항의 응집력을 내외에 들어내다
드높인 새 발라드에 뿌리를 내리다
밤의 밀정들 길을 막고
육체는 그립고 따뜻하다 주창하며

이 도서의 국립중앙도서관 출판예정도서목록(CIP)은 서지정보유통지원시스템 홈페이지(http://seojinlgokr)와 국가자료공동목록시스템(http://wwwnlgokr/kolisnet)에서 이용하실 수 있습니다.

(CIP제어번호 : CIP2017021714)

한국현대시인협회
제7회 겨레사랑시화전 엔솔로지
바다를 내놓는 고등어

초판인쇄일 2017년 8월 27일
초판발행일 2017년 9월 04일

지은이 : 한국현대시인협회
펴낸곳 : 도서출판 문학공원
발행인 : 김순진
편집장 : 전하라
디자인 : 김초롱
등 록 : 2004년 3월 9일 제6-706호
주 소 : (우편번호 130-814)서울 동대문구 난계로 26길 17호
삼우빌딩 C동 302호 스토리문학사
전 화 : 02-2234-1666
팩 스 : 02-2236-1666
홈페이지 : http://cafe.daum.net/yob51
이메일 : 4615562@hanmail.net